구구단

쉽게 배우고
간단히 연습한다!

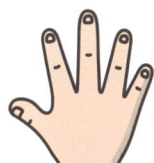

이 책을 보시는 학부모님께

구구단(곱셈구구) 학습은
아이들이 '수학 공부란 이런 것이다'를 느끼게 하는
수학과의 첫 번째 만남입니다.

책의 흐름을 따라가다 보면
자연스럽게 곱셈의 원리를 받아들이고,
이를 통해 등장하는 구구단을 쉽게 익힐 수 있습니다.

단순하게 나열된 문제가 아닌, 문제의 빈칸을 채우다 보면
수학의 원리가 스며들 수 있도록 설계되어 있습니다.

수학은 단순히 '계산을 반복하는 것',
또는 '무한히 많은 문제를 푸는 것'이 아닙니다.

특히 구구단은 재미있게 수를 세고,
이것을 다시 쉽고 빠르게, 하지만 정확하게
셀 수 있는 방법을 익히고 배우는 과정입니다.

아이가 스스로 재미를 느끼고
생각하는 힘을 길러 나갈 수 있도록
아이의 호흡에 따라 진행해 주세요.

사용법 및 소개

가장 익숙한 수부터 시작합니다.
순서는 중요하지 않아요!
스스로 빈칸을 채워 각각의 페이지를 완성합니다.
각 단의 구구단이 완성되면, 생활 속에서 땅콩알의 수를 세고
자동차 바퀴의 수를 세면서 구구단을 사용해 봅니다.
필요할 때, 명확하게 떠오르는 구구단이 진짜입니다.

〈 구구단 알기 〉

1. 수에 맞는 아이템을 소개하고 곱셈의 원리를 이해합니다.

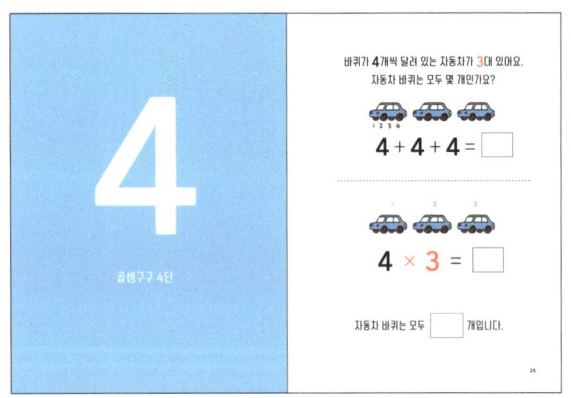

2. 곱하는 수가 1씩 커짐에 따라, 곱셈식의 답이 얼마만큼씩 커지는지 이해합니다.

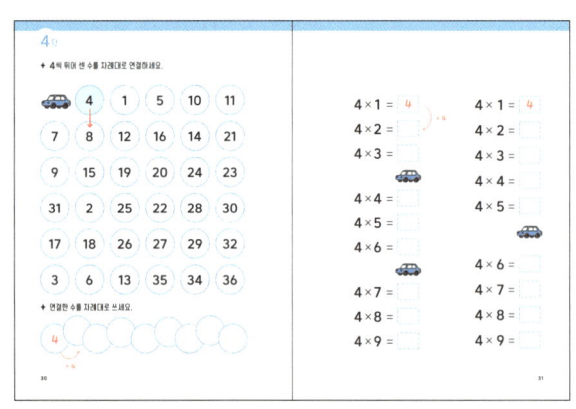

tip. 소리 내어 읽으면서 빈칸을 채우면 효과가 배가 됩니다.

〈 구구단 익히기 〉

1. 뛰어 세어 답을 찾아 봅니다.

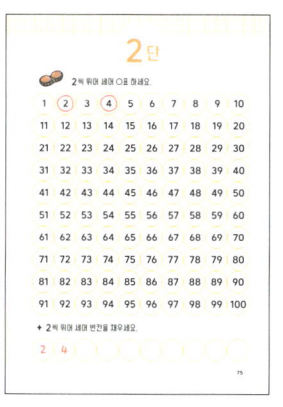

2. '그림-덧셈-곱셈'을 한눈에 보고 이해합니다.

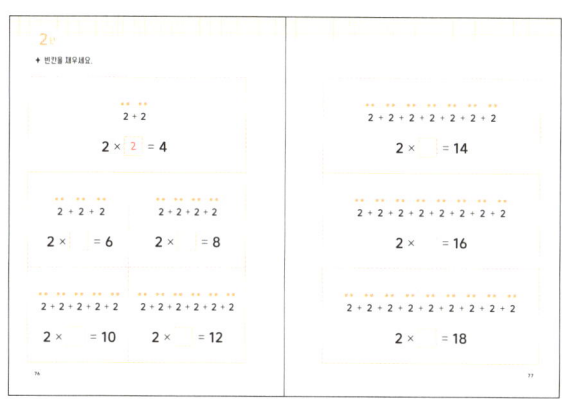

3. 빈칸을 채워서 구구단을 완성합니다. 순서대로 써 보고, 거꾸로도 써 봅니다.

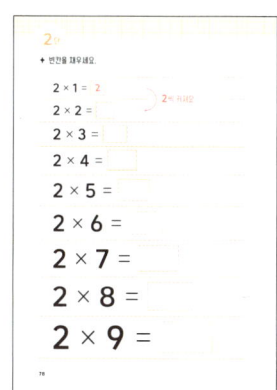 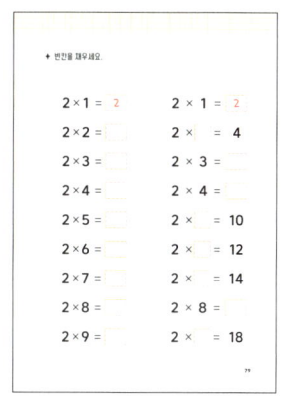 

4. 뒤섞여 있는 답을 바르게 이어 봅니다.

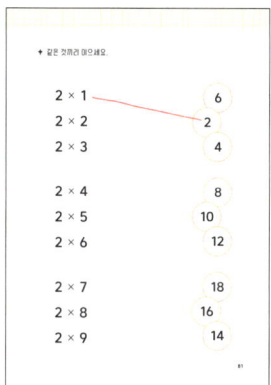

5. 각 단의 구구단을 스스로 써서 완성합니다.

tip. 소리 내어 읽으면서 빈칸을 채우면 효과가 배가 됩니다.

차례

〈 구구단 알기 〉

2단 땅콩알 세기  8

3단 완두콩알 세기  16

4단 자동차 바퀴 수 세기  24

5단 손가락 세기 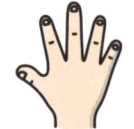 32

6단 달걀 수 세기 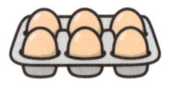 40

7단 사탕 수 세기  48

8단 문어 다리 세기  56

9단 식빵 수 세기  64

구구단 한눈에 보기   72

〈 구구단 익히기 〉

2단   75

3단   83

4단   91

5단   99

6단   107

7단   115

8단   123

9단   131

구구단 마무리   139

2

곱셈구구 2단

알이 **2**개씩 들어 있는 땅콩이 **3**개 있어요.
땅콩알은 모두 몇 개인가요?

2 + 2 + 2 = ☐

---

2 × 3 = ☐

땅콩알은 모두 ☐ 개입니다.

2단

✦ 빈칸을 채우세요.

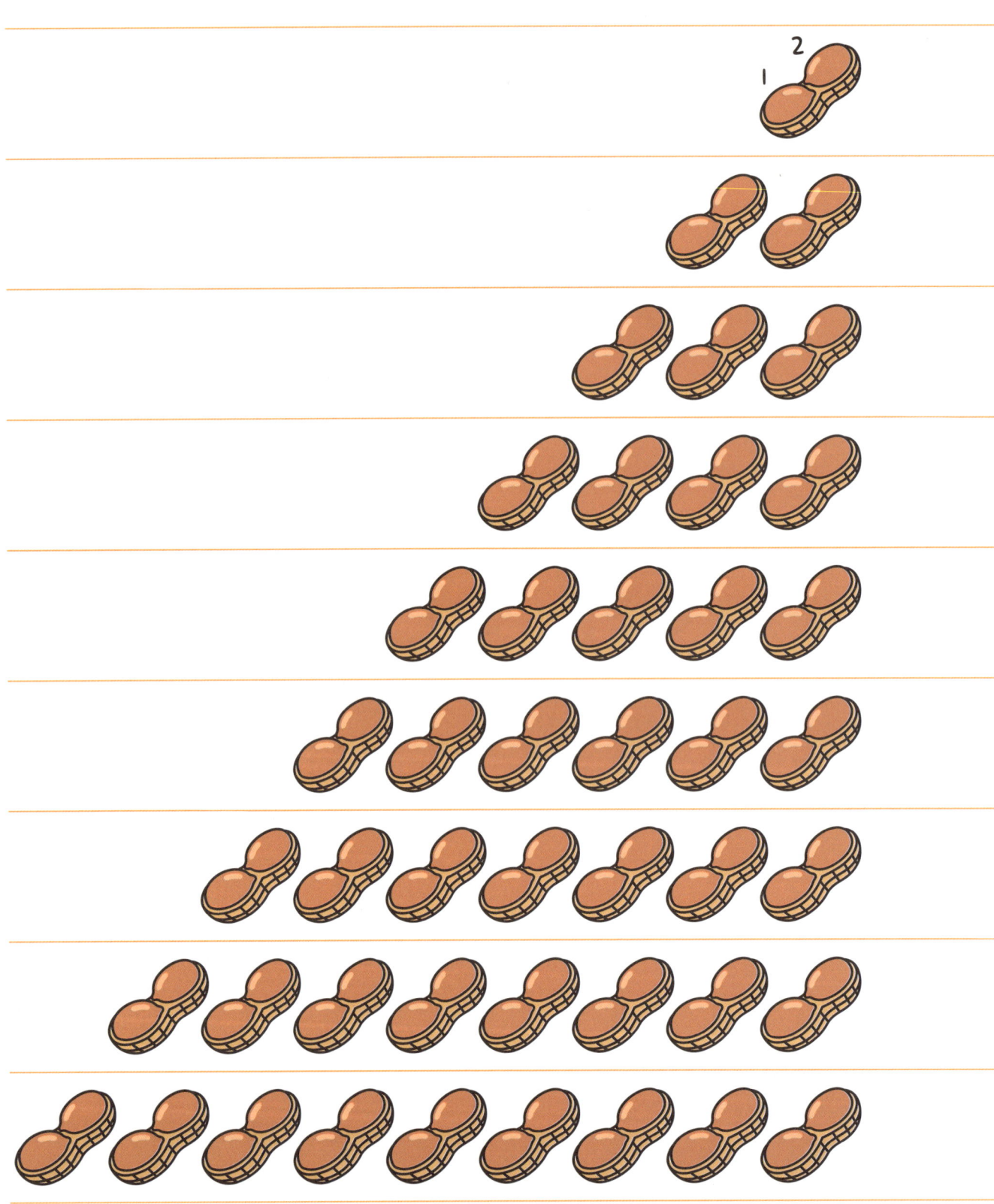

 　　　　　　　　　　　　2 × 1

 　　　　　　　　　　　　2 × ☐

 　　　　　　　　　　　　2 × ☐

 　　　　　　　　　　　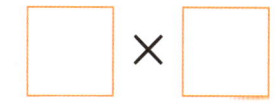

 　　　　　　　　　　　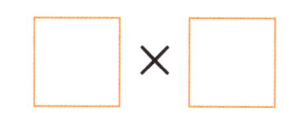

2단

✦ 빈칸을 채우세요.

2	2 × 1 = 2
2+2	2 × 2 = ☐
2+2+2	2 × 3 = ☐
2+2+2+2	2 × 4 = ☐
2+2+2+2+2	2 × 5 = ☐
2+2+2+2+2+2	2 × 6 = ☐
2+2+2+2+2+2+2	2 × 7 = ☐
2+2+2+2+2+2+2+2	2 × 8 = ☐
2+2+2+2+2+2+2+2+2	2 × 9 = ☐

+2
+2

곱셈식 그대로 읽기		외우기 쉽게 읽기	
2 곱하기 1 은	2	이 일 (은)	이
2 곱하기 2 는		이 이	
2 곱하기 3 은		이 삼 (은)	
2 곱하기 4 는		이 사	
2 곱하기 5 는		이 오	
2 곱하기 6 은		이 육	
2 곱하기 7 은		이 칠	
2 곱하기 8 은		이 팔	
2 곱하기 9 는		이 구	

2단

✦ 2씩 뛰어 센 수를 차례대로 연결하세요.

	1	5	15	13	23
2 →	4	6	9	19	25
3	7	8	10	11	33
5	31	13	12	14	29
11	9	27	15	16	17
13	35	17	21	19	18

✦ 연결한 수를 차례대로 쓰세요.

2 × 1 = 2
+ 2
2 × 2 =
2 × 3 =

2 × 4 =
2 × 5 =
2 × 6 =

2 × 7 =
2 × 8 =
2 × 9 =

2 × 1 = 2
2 × 2 =
2 × 3 =
2 × 4 =
2 × 5 =

2 × 6 =
2 × 7 =
2 × 8 =
2 × 9 =

3

곱셈구구 3단

알이 3개씩 들어 있는 완두콩이 2개 있어요.
콩알은 모두 몇 개인가요?

3 + 3 = ☐

3 × 2 = ☐

콩알은 모두 ☐ 개입니다.

3단

✦ 빈칸을 채우세요.

3을 1번 더하면

 3 × 1

3 × ☐

3 × ☐

☐ × ☐

☐ × ☐

☐ × ☐

☐ × ☐

☐ × ☐

☐ × ☐

3단

✦ 빈칸을 채우세요.

3   3 × 1 = 3

3+3   3 × 2 = ☐

3+3+3   3 × 3 = ☐

3+3+3+3   3 × 4 = ☐

3+3+3+3+3   3 × 5 = ☐

3+3+3+3+3+3   3 × 6 = ☐

3+3+3+3+3+3+3   3 × 7 = ☐

3+3+3+3+3+3+3+3   3 × 8 = ☐

3+3+3+3+3+3+3+3+3   3 × 9 = ☐

곱셈식 그대로 읽기		외우기 쉽게 읽기	
3 곱하기 1은	3	삼 일 (은)	삼
3 곱하기 2는		삼 이	
3 곱하기 3은		삼 삼 (은)	
3 곱하기 4는		삼 사	
3 곱하기 5는		삼 오	
3 곱하기 6은		삼 육	
3 곱하기 7은		삼 칠	
3 곱하기 8은		삼 팔	
3 곱하기 9는		삼 구	

3단

✦ 3씩 뛰어 센 수를 차례대로 연결하세요.

	3 →	6	11	13	1
2	5	9	12	24	31
4	8	10	15	20	22
14	16	27	18	19	29
35	28	32	22	21	25
7	17	26	23	24	27

✦ 연결한 수를 차례대로 쓰세요.

3   +3

3 × 1 = 3   3 × 1 = 3
   ↘ +3
3 × 2 =   3 × 2 =

3 × 3 =   3 × 3 =

                     3 × 4 =

3 × 4 =   3 × 5 =

3 × 5 =

3 × 6 =   3 × 6 =

                     3 × 7 =

3 × 7 =   3 × 8 =

3 × 8 =   3 × 9 =

3 × 9 =

4

곱셈구구 4단

바퀴가 **4**개씩 달려 있는 자동차가 **3**대 있어요.
자동차 바퀴는 모두 몇 개인가요?

4 + 4 + 4 = ☐

4 × 3 = ☐

자동차 바퀴는 모두 ☐ 개입니다.

4단

✦ 빈칸을 채우세요.

4를 1번 더하면

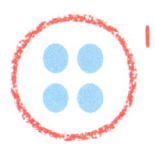 　　　　　　　　　4 × 1

 　　　　　　　　　4 × ☐

 　　　　　　　　　4 × ☐

 　　　　　　　　　☐ × ☐

 　　　　　　　　　☐ × ☐

 　　　　　　　　　☐ × ☐

 　　　　　　　　　☐ × ☐

 　　　　　　　　　☐ × ☐

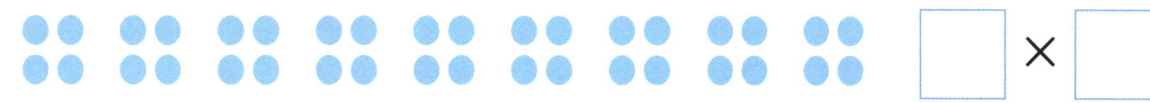 　　　　　　　　　☐ × ☐

4단

✦ 빈칸을 채우세요.

4   4 × 1 = [4]
                                              ↘ +4
4+4   4 × 2 = [ ]
                                              ↘ +4
4+4+4   4 × 3 = [ ]

4+4+4+4   4 × 4 = [ ]

4+4+4+4+4   4 × 5 = [ ]

4+4+4+4+4+4   4 × 6 = [ ]

4+4+4+4+4+4+4   4 × 7 = [ ]

4+4+4+4+4+4+4+4   4 × 8 = [ ]

4+4+4+4+4+4+4+4+4   4 × 9 = [ ]

곱셈식 그대로 읽기		외우기 쉽게 읽기	
4 곱하기 1은	4	사 일 (은)	사
4 곱하기 2는		사 이	
4 곱하기 3은		사 삼	
4 곱하기 4는		사 사	
4 곱하기 5는		사 오	
4 곱하기 6은		사 육	
4 곱하기 7은		사 칠	
4 곱하기 8은		사 팔	
4 곱하기 9는		사 구	

4단

✦ 4씩 뛰어 센 수를 차례대로 연결하세요.

	4	1	5	10	11
7	8	12	16	14	21
9	15	19	20	24	23
31	2	25	22	28	30
17	18	26	27	29	32
3	6	13	35	34	36

✦ 연결한 수를 차례대로 쓰세요.

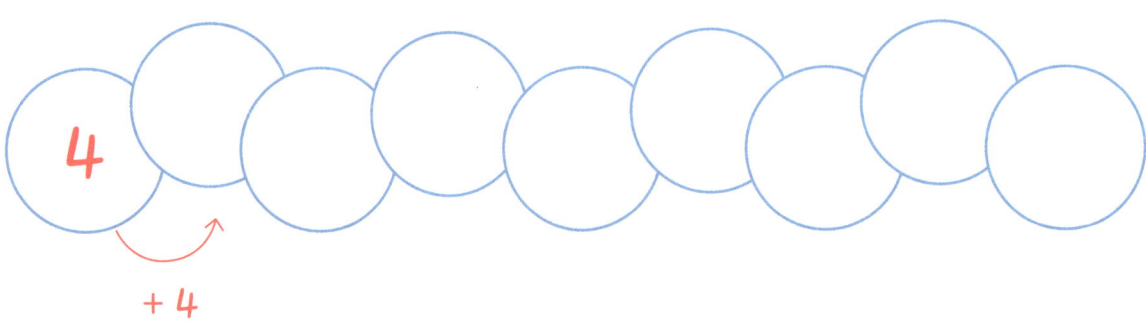

4 × 1 = 4

4 × 2 =   　+4

4 × 3 =

4 × 4 =

4 × 5 =

4 × 6 =

4 × 7 =

4 × 8 =

4 × 9 =

4 × 1 = 4

4 × 2 =

4 × 3 =

4 × 4 =

4 × 5 =

4 × 6 =

4 × 7 =

4 × 8 =

4 × 9 =

곱셈구구 5단

손가락이 5개인 왼손과 오른손, 2개가 있어요. 손가락은 모두 몇 개인가요?

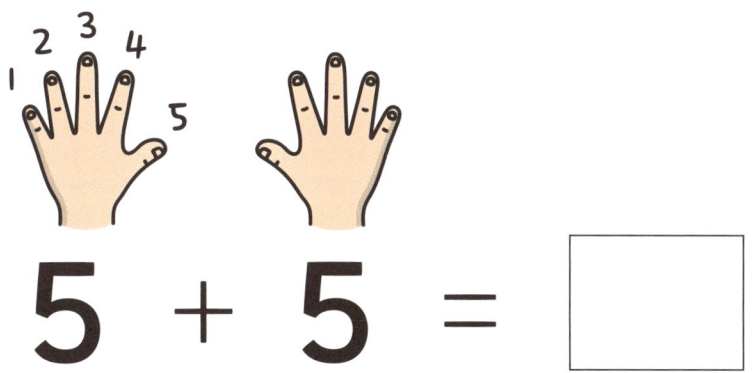

5 + 5 = ☐

5 × 2 = ☐

손가락은 모두 ☐ 개입니다.

5단

✦ 빈칸을 채우세요.

5를 1번 더하면

5 × 1

5 × ☐

5 × ☐

☐ × ☐

☐ × ☐

☐ × ☐

☐ × ☐

☐ × ☐

☐ × ☐

5단

✦ 빈칸을 채우세요.

5					5 × 1 = 5 +5

5+5					5 × 2 = ☐ +5

5+5+5					5 × 3 = ☐

5+5+5+5					5 × 4 = ☐

5+5+5+5+5				5 × 5 = ☐

5+5+5+5+5+5				5 × 6 = ☐

5+5+5+5+5+5+5				5 × 7 = ☐

5+5+5+5+5+5+5+5				5 × 8 = ☐

5+5+5+5+5+5+5+5+5			5 × 9 = ☐

곱셈식 그대로 읽기		외우기 쉽게 읽기	
5 곱하기 1은	5	오 일 (은)	오
5 곱하기 2는		오 이	
5 곱하기 3은		오 삼	
5 곱하기 4는		오 사	
5 곱하기 5는		오 오	
5 곱하기 6은		오 육	
5 곱하기 7은		오 칠	
5 곱하기 8은		오 팔	
5 곱하기 9는		오 구	

5단

✦ 5씩 뛰어 센 수를 차례대로 연결하세요.

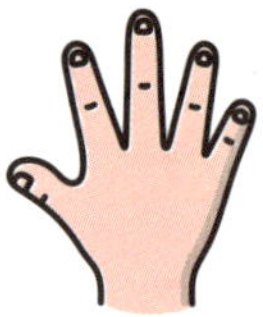

1	4	18	6	2
3	5	7	8	13	19
9	10	15	16	21	32
11	12	20	24	29	37
14	22	25	30	35	40
23	26	27	33	36	45

✦ 연결한 수를 차례대로 쓰세요.

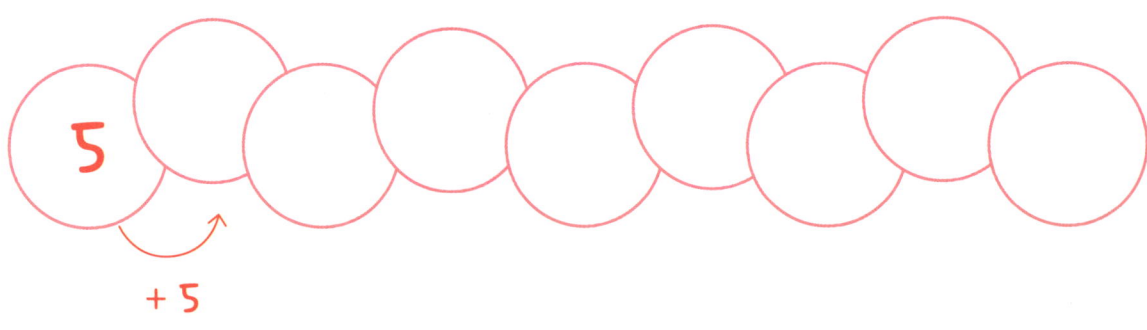

5 +5

5 × 1 = 5   5 × 1 = 5
   +5
5 × 2 =   5 × 2 =
5 × 3 =   5 × 3 =
             5 × 4 =

             5 × 5 =
5 × 4 =
5 × 5 =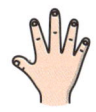
5 × 6 =
             5 × 6 =

             5 × 7 =
5 × 7 =
5 × 8 =   5 × 8 =
5 × 9 =   5 × 9 =

곱셈구구 6단

달걀이 **6**개씩 담긴 접시가 **3**개 있어요.
달걀은 모두 몇 개인가요?

6 + 6 + 6 = ☐

6 × 3 = ☐

달걀은 모두 ☐ 개입니다.

6단

✦ 빈칸을 채우세요.

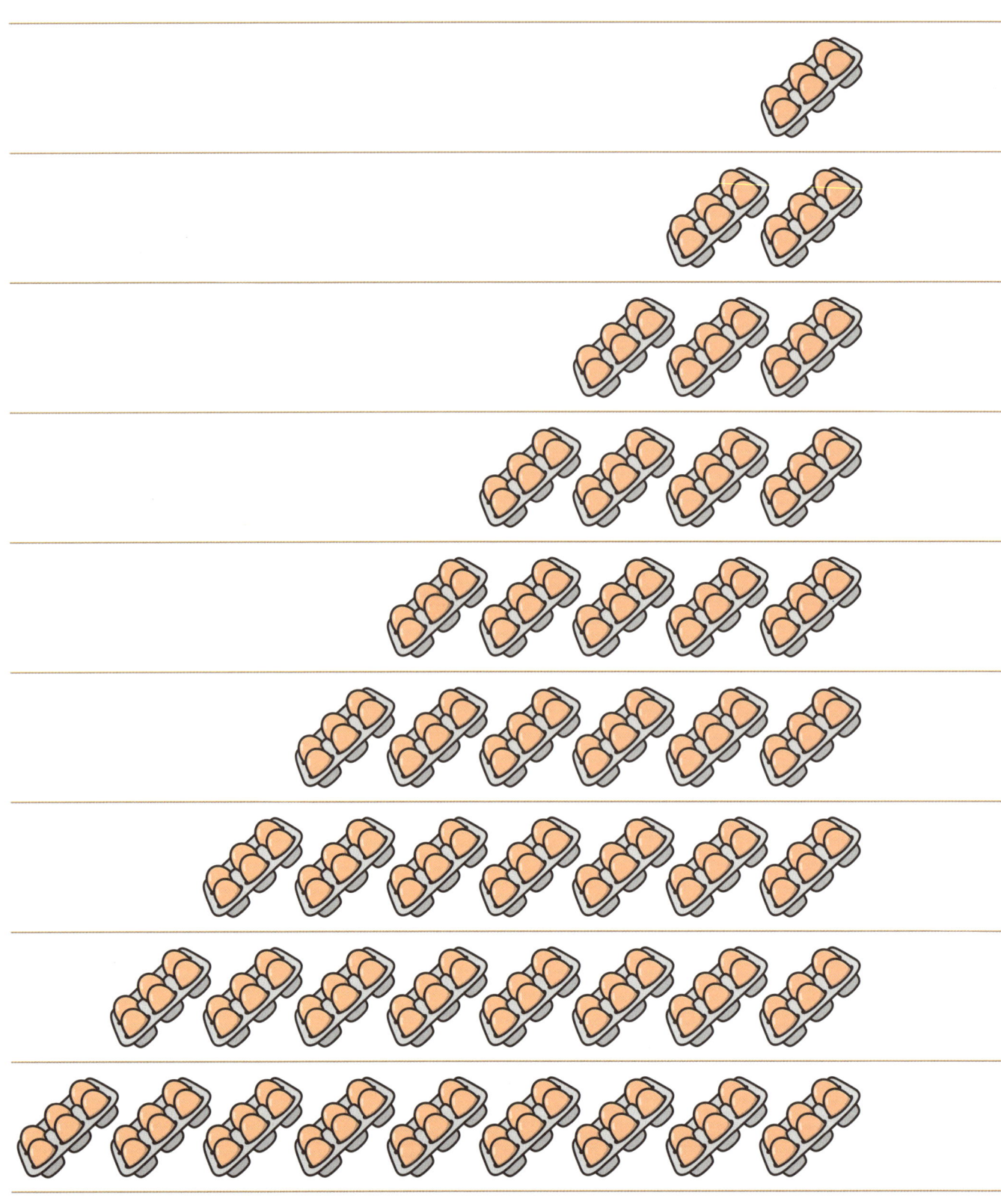

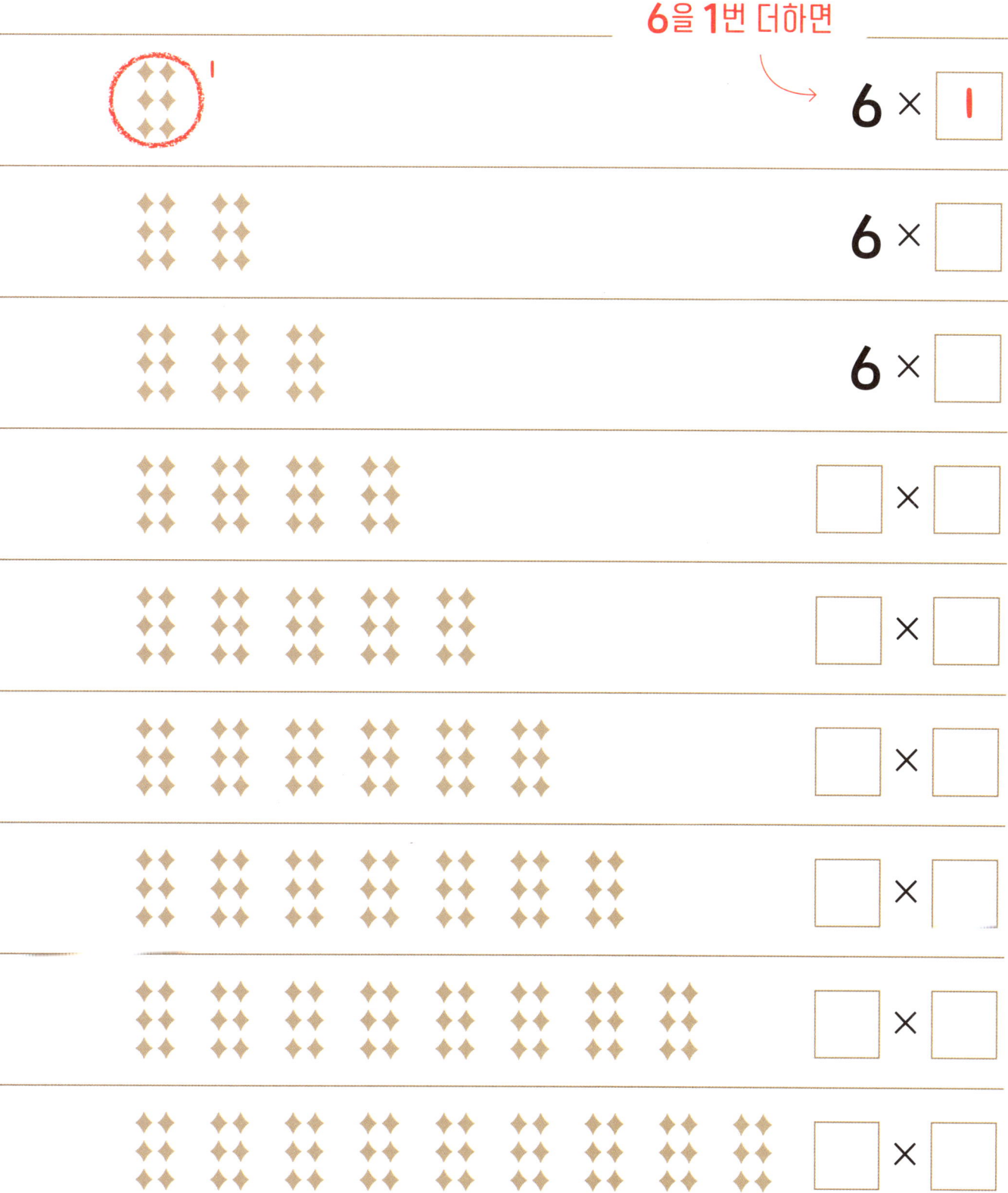

6단

✦ 빈칸을 채우세요.

6   6 × 1 = 6
                                      ⌒ +6
6+6   6 × 2 = ☐
                                      ⌒ +6
6+6+6   6 × 3 = ☐

6+6+6+6   6 × 4 = ☐

6+6+6+6+6   6 × 5 = ☐

6+6+6+6+6+6   6 × 6 = ☐

6+6+6+6+6+6+6   6 × 7 = ☐

6+6+6+6+6+6+6+6   6 × 8 = ☐

6+6+6+6+6+6+6+6+6   6 × 9 = ☐

곱셈식 그대로 읽기		외우기 쉽게 읽기	
6 곱하기 1 은	6	육 일 (은)	육
6 곱하기 2 는		육 이	
6 곱하기 3 은		육 삼	
6 곱하기 4 는		육 사	
6 곱하기 5 는		육 오	
6 곱하기 6 은		육 육	
6 곱하기 7 은		육 칠	
6 곱하기 8 은		육 팔	
6 곱하기 9 는		육 구	

6단

✦ 6씩 뛰어 센 수를 차례대로 연결하세요.

	12	14	19	13	7
6	16	18	20	17	27
8	9	22	24	25	33
15	21	26	30	36	42
23	28	29	40	46	48
56	35	32	44	50	54

✦ 연결한 수를 차례대로 쓰세요.

6 × 1 = 6
6 × 2 = ⤵ +6
6 × 3 =

6 × 4 =
6 × 5 =
6 × 6 =
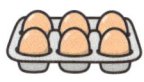
6 × 7 =
6 × 8 =
6 × 9 =

6 × 1 = 6
6 × 2 =
6 × 3 =
6 × 4 =
6 × 5 =

6 × 6 =
6 × 7 =
6 × 8 =
6 × 9 =

7

곱셈구구 7단

사탕이 **7**개씩 담긴 병이 **3**개 있어요.
사탕은 모두 몇 개인가요?

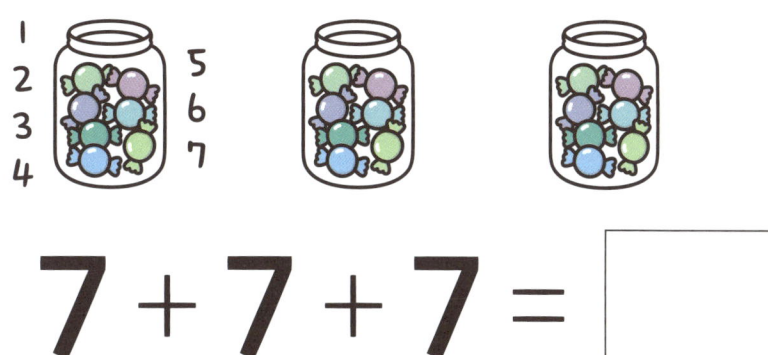

$7 + 7 + 7 = \boxed{}$

$7 \times 3 = \boxed{}$

사탕은 모두 ☐ 개입니다.

7단

✦ 빈칸을 채우세요.

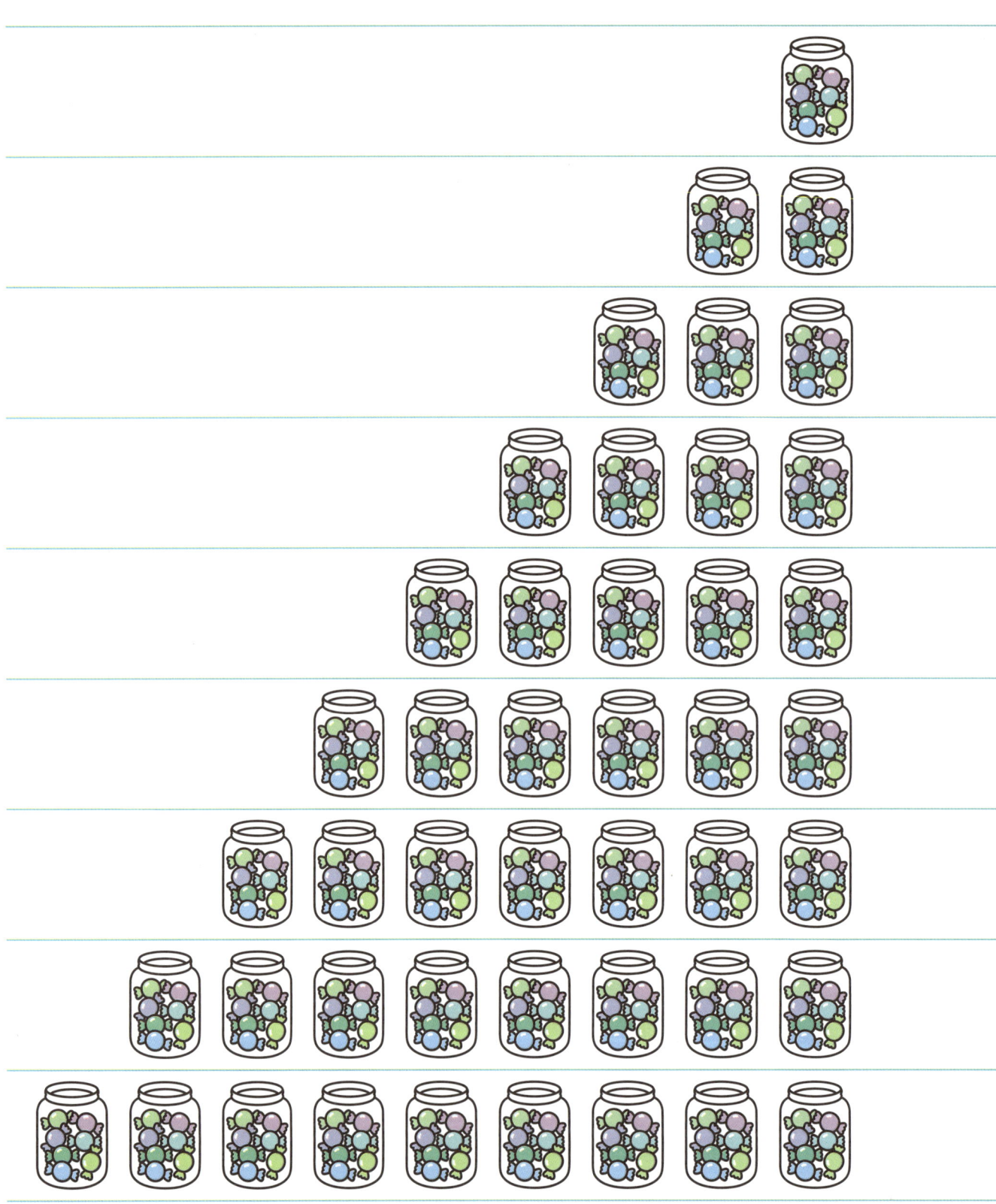

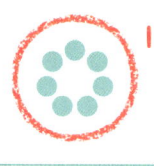 7을 1번 더하면 → 7 × 1

 7 ×

 7 ×

 ☐ × ☐

 ☐ × ☐

 ☐ × ☐

 ☐ × ☐

 ☐ × ☐

  ☐ × ☐

7단

✦ 빈칸을 채우세요.

7   7 × 1 = 7

7+7   7 × 2 =

7+7+7   7 × 3 =

7+7+7+7   7 × 4 =

7+7+7+7+7   7 × 5 =

7+7+7+7+7+7   7 × 6 =

7+7+7+7+7+7+7   7 × 7 =

7+7+7+7+7+7+7+7   7 × 8 =

7+7+7+7+7+7+7+7+7   7 × 9 =

곱셈식 그대로 읽기		외우기 쉽게 읽기	
7 곱하기 1은	7	칠 일 (은)	칠
7 곱하기 2는		칠 이	
7 곱하기 3은		칠 삼	
7 곱하기 4는		칠 사	
7 곱하기 5는		칠 오	
7 곱하기 6은		칠 육	
7 곱하기 7은		칠 칠	
7 곱하기 8은		칠 팔	
7 곱하기 9는		칠 구	

7단

✦ **7**씩 뛰어 센 수를 차례대로 연결하세요.

	4	3	28	29	36
7 → 14	21	32	35	39
9	17	34	37	41	42
11	19	27	47	49	50
24	25	26	57	56	61
33	38	44	60	67	63

✦ 연결한 수를 차례대로 쓰세요.

7 × 1 = 7
       ↷ +7
7 × 2 =
7 × 3 =

7 × 4 =
7 × 5 =
7 × 6 =

7 × 7 =
7 × 8 =
7 × 9 =

7 × 1 = 7
7 × 2 =
7 × 3 =
7 × 4 =
7 × 5 =

7 × 6 =
7 × 7 =
7 × 8 =
7 × 9 =

8

곱셈구구 8단

다리가 **8**개인 문어가 **2**마리 있어요.
다리는 모두 몇 개인가요?

8 + 8 = ☐

---

8 × 2 = ☐

문어 다리는 모두 ☐ 개입니다.

8단

✦ 빈칸을 채우세요.

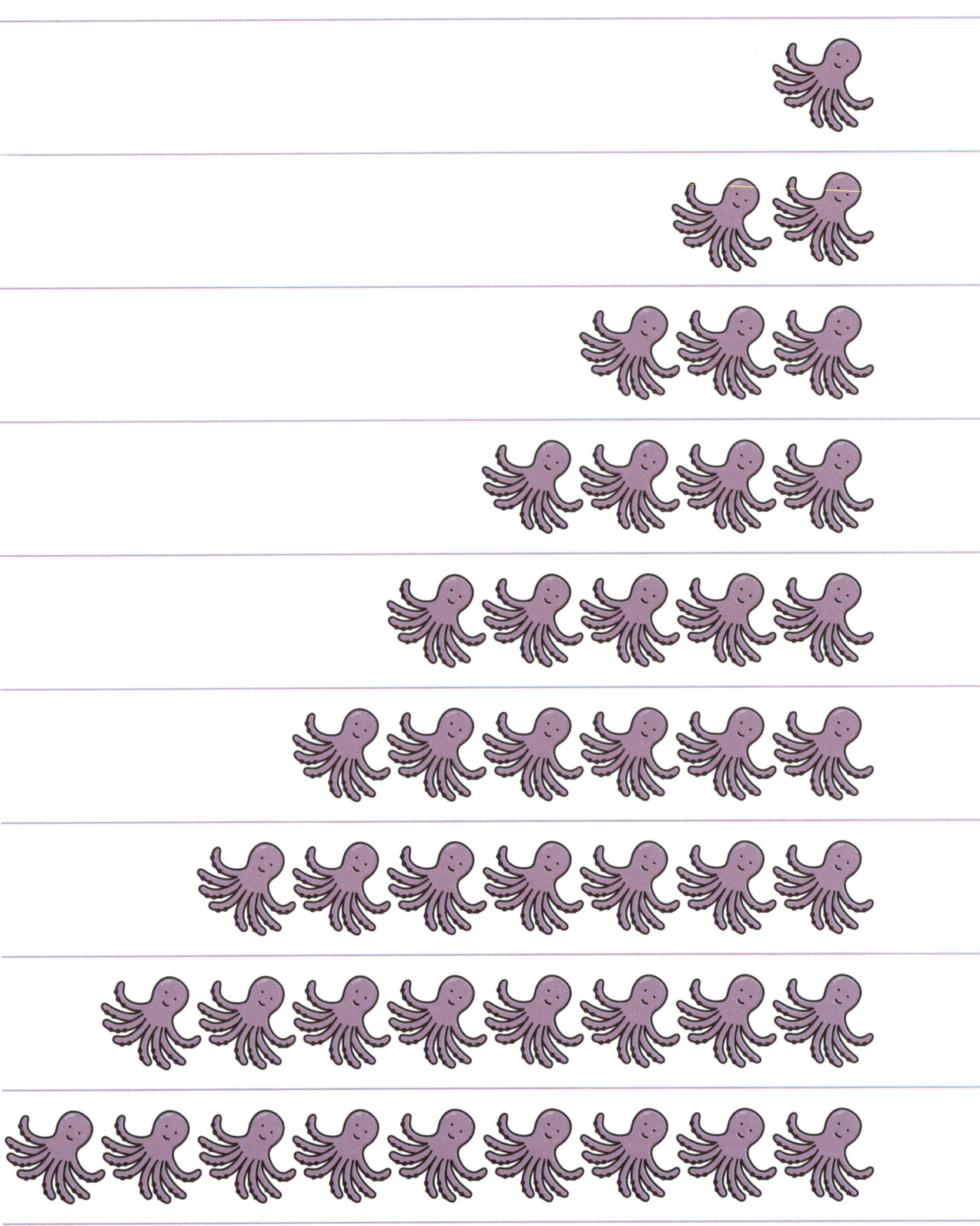

8을 **1**번 더하면

 8 × 1

 8 × ☐

 8 × ☐

 ☐ × ☐

 ☐ × ☐

 ☐ × ☐

 ☐ × ☐

 ☐ × ☐

☐ × ☐

8단

✦ 빈칸을 채우세요.

8 8 × 1 = 8

8+8 8 × 2 = ☐ +8

8+8+8 8 × 3 = ☐ +8

8+8+8+8 8 × 4 = ☐

8+8+8+8+8 8 × 5 = ☐

8+8+8+8+8+8 8 × 6 = ☐

8+8+8+8+8+8+8 8 × 7 = ☐

8+8+8+8+8+8+8+8 8 × 8 = ☐

8+8+8+8+8+8+8+8+8 8 × 9 = ☐

곱셈식 그대로 읽기		외우기 쉽게 읽기	
8 곱하기 1은	8	팔 일 (은)	팔
8 곱하기 2는		팔 이	
8 곱하기 3은		팔 삼	
8 곱하기 4는		팔 사	
8 곱하기 5는		팔 오	
8 곱하기 6은		팔 육	
8 곱하기 7은		팔 칠	
8 곱하기 8은		팔 팔	
8 곱하기 9는		팔 구	

8단

✦ 8씩 뛰어 센 수를 차례대로 연결하세요.

	4	6	23	38	44
2	8	18	32	40	46
12	16	24	36	48	52
22	28	34	39	50	56
27	33	42	54	62	64
39	51	58	66	68	72

✦ 연결한 수를 차례대로 쓰세요.

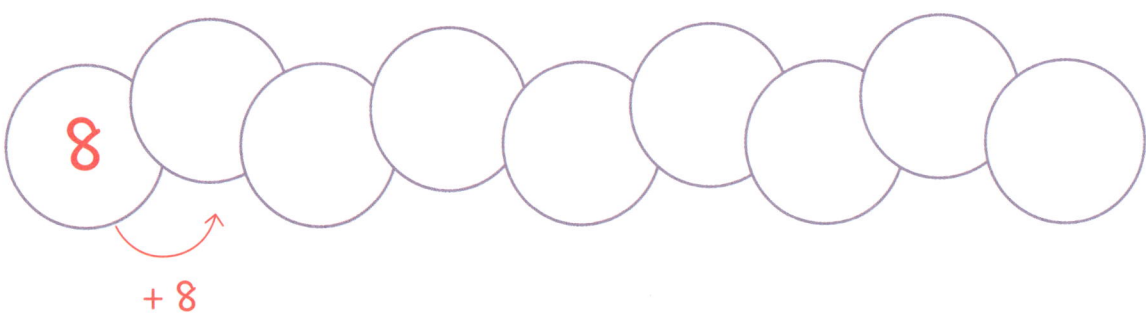

8 × 1 = 8   8 × 1 = 8

+8

8 × 2 =   8 × 2 =

8 × 3 =   8 × 3 =

8 × 4 =   8 × 4 =

8 × 5 =   8 × 5 =

8 × 6 =

8 × 7 =   8 × 6 =

8 × 8 =   8 × 7 =

8 × 9 =   8 × 8 =

                8 × 9 =

곱셈구구 9단

식빵이 9장씩 들어 있는 봉지가 2개 있어요. 식빵은 모두 몇 장인가요?

9 + 9 = ☐

----

9 × 2 = ☐

식빵은 모두 ☐ 장입니다.

9단

✦ 빈칸을 채우세요.

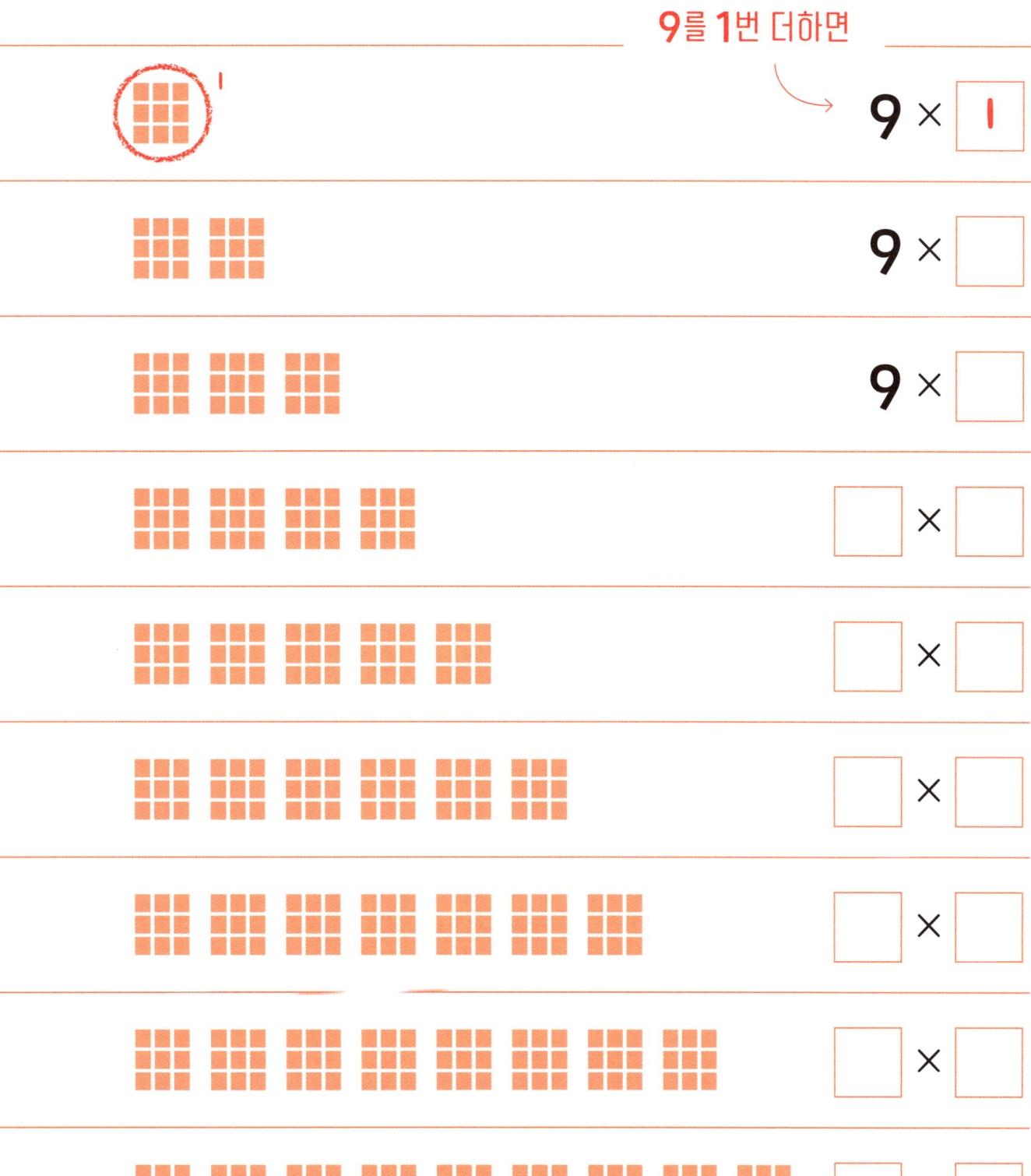

9단

✦ 빈칸을 채우세요.

9   9 × 1 = 9

9+9   9 × 2 =

9+9+9   9 × 3 =

9+9+9+9   9 × 4 =

9+9+9+9+9   9 × 5 =

9+9+9+9+9+9   9 × 6 =

9+9+9+9+9+9+9   9 × 7 =

9+9+9+9+9+9+9+9   9 × 8 =

9+9+9+9+9+9+9+9+9   9 × 9 =

곱셈식 그대로 읽기		외우기 쉽게 읽기	
9 곱하기 1 은	9	구 일 (은)	구
9 곱하기 2 는		구 이	
9 곱하기 3 은		구 삼	
9 곱하기 4 는		구 사	
9 곱하기 5 는		구 오	
9 곱하기 6 은		구 육	
9 곱하기 7 은		구 칠	
9 곱하기 8 은		구 팔	
9 곱하기 9 는		구 구	

9단

✦ 9씩 뛰어 센 수를 차례대로 연결하세요.

 9	23	29	39	49
10	18	27	36	45	50
20	19	28	46	53	54
30	38	47	59	61	63
41	58	69	71	72	80
53	62	70	75	79	81

✦ 연결한 수를 차례대로 쓰세요.

9   +9

9 × 1 = 9   +9

9 × 2 = ☐

9 × 3 = ☐

9 × 4 = ☐

9 × 5 = ☐

9 × 6 = ☐

9 × 7 = ☐

9 × 8 = ☐

9 × 9 = ☐

9 × 1 = 9

9 × 2 = ☐

9 × 3 = ☐

9 × 4 = ☐

9 × 5 = ☐

9 × 6 = ☐

9 × 7 = ☐

9 × 8 = ☐

9 × 9 = ☐

✦ 구구단 한눈에 보기

2단
- 2 × 1 = 2
- 2 × 2 = 4
- 2 × 3 = 6
- 2 × 4 = 8
- 2 × 5 = 10
- 2 × 6 = 12
- 2 × 7 = 14
- 2 × 8 = 16
- 2 × 9 = 18

3단
- 3 × 1 = 3
- 3 × 2 = 6
- 3 × 3 = 9
- 3 × 4 = 12
- 3 × 5 = 15
- 3 × 6 = 18
- 3 × 7 = 21
- 3 × 8 = 24
- 3 × 9 = 27

4단
- 4 × 1 = 4
- 4 × 2 = 8
- 4 × 3 = 12
- 4 × 4 = 16
- 4 × 5 = 20
- 4 × 6 = 24
- 4 × 7 = 28
- 4 × 8 = 32
- 4 × 9 = 36

5단
- 5 × 1 = 5
- 5 × 2 = 10
- 5 × 3 = 15
- 5 × 4 = 20
- 5 × 5 = 25
- 5 × 6 = 30
- 5 × 7 = 35
- 5 × 8 = 40
- 5 × 9 = 45

6단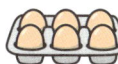

6 × 1 = 6
6 × 2 = 12
6 × 3 = 18
6 × 4 = 24
6 × 5 = 30
6 × 6 = 36
6 × 7 = 42
6 × 8 = 48
6 × 9 = 54

7단

7 × 1 = 7
7 × 2 = 14
7 × 3 = 21
7 × 4 = 28
7 × 5 = 35
7 × 6 = 42
7 × 7 = 49
7 × 8 = 56
7 × 9 = 63

8단

8 × 1 = 8
8 × 2 = 16
8 × 3 = 24
8 × 4 = 32
8 × 5 = 40
8 × 6 = 48
8 × 7 = 56
8 × 8 = 64
8 × 9 = 72

9단

9 × 1 = 9
9 × 2 = 18
9 × 3 = 27
9 × 4 = 36
9 × 5 = 45
9 × 6 = 54
9 × 7 = 63
9 × 8 = 72
9 × 9 = 81

<구구단 알기>를 모두 완성했다면, 지금부터 <구구단 익히기>를 통해 확실하게 내 것으로 만들어요!

2단

 2씩 뛰어 세어 ○표 하세요.

1	②	3	④	5	6	7	8	9	10
11	12	13	14	15	16	17	18	19	20
21	22	23	24	25	26	27	28	29	30
31	32	33	34	35	36	37	38	39	40
41	42	43	44	45	46	47	48	49	50
51	52	53	54	55	56	57	58	59	60
61	62	63	64	65	66	67	68	69	70
71	72	73	74	75	76	77	78	79	80
81	82	83	84	85	86	87	88	89	90
91	92	93	94	95	96	97	98	99	100

✦ 2씩 뛰어 세어 빈칸을 채우세요.

2, 4, ◯, ◯, ◯, ◯, ◯, ◯, ◯, ◯

2단

✦ 빈칸을 채우세요.

•• ••
2 + 2

2 × 2 = 4

•• •• ••
2 + 2 + 2

2 × ☐ = 6

•• •• •• ••
2 + 2 + 2 + 2

2 × ☐ = 8

•• •• •• •• ••
2 + 2 + 2 + 2 + 2

2 × ☐ = 10

•• •• •• •• •• ••
2 + 2 + 2 + 2 + 2 + 2

2 × ☐ = 12

•• •• •• •• •• •• ••

2 + 2 + 2 + 2 + 2 + 2 + 2

2 × ☐ = 14

•• •• •• •• •• •• •• ••

2 + 2 + 2 + 2 + 2 + 2 + 2 + 2

2 × ☐ = 16

•• •• •• •• •• •• •• •• ••

2 + 2 + 2 + 2 + 2 + 2 + 2 + 2 + 2

2 × ☐ = 18

2단

✦ 빈칸을 채우세요.

2 × 1 = 2   2씩 커져요

2 × 2 = ☐

2 × 3 = ☐

2 × 4 = ☐

2 × 5 = ☐

2 × 6 = ☐

2 × 7 = ☐

2 × 8 = ☐

2 × 9 = ☐

✦ 빈칸을 채우세요.

2 × 1 = 2

2 × 2 = ☐

2 × 3 = ☐

2 × 4 = ☐

2 × 5 = ☐

2 × 6 = ☐

2 × 7 = ☐

2 × 8 = ☐

2 × 9 = ☐

2 × 1 = 2

2 × ☐ = 4

2 × 3 = ☐

2 × 4 = ☐

2 × ☐ = 10

2 × ☐ = 12

2 × ☐ = 14

2 × 8 = ☐

2 × ☐ = 18

2단

✦ 빈칸을 채우세요.

2 × 9 = 18   2 × 9 = ☐

2 × 8 = ☐   2 × ☐ = 16

2 × 7 = ☐   2 × 7 = ☐

2 × 6 = ☐   2 × 6 = ☐

2 × 5 = ☐   2 × 5 = ☐

2 × 4 = ☐   2 × ☐ = 8

2 × 3 = ☐   2 × ☐ = 6

2 × 2 = ☐   2 × 2 = ☐

2 × 1 = ☐   2 × ☐ = 2

✦ 같은 것끼리 이으세요.

2 × 1   6
2 × 2   2
2 × 3   4

2 × 4   8
2 × 5   10
2 × 6   12

2 × 7   18
2 × 8   16
2 × 9   14

2단

✦ **2단을 완성하세요.**

| 2 | × | 1 | = | 2 |

☐ × ☐ = ☐

☐ × ☐ = ☐

☐ × ☐ = ☐

☐ × ☐ = ☐

☐ × ☐ = ☐

☐ × ☐ = ☐

☐ × ☐ = ☐

☐ × ☐ = ☐

2 × 1 = 2

3단

 3씩 뛰어 세어 ○표 하세요.

1	2	③	4	5	⑥	7	8	9	10
11	12	13	14	15	16	17	18	19	20
21	22	23	24	25	26	27	28	29	30
31	32	33	34	35	36	37	38	39	40
41	42	43	44	45	46	47	48	49	50
51	52	53	54	55	56	57	58	59	60
61	62	63	64	65	66	67	68	69	70
71	72	73	74	75	76	77	78	79	80
81	82	83	84	85	86	87	88	89	90
91	92	93	94	95	96	97	98	99	100

✦ 3씩 뛰어 세어 빈칸을 채우세요.

3

3단

✦ 빈칸을 채우세요.

3 + 3

3 × 2 = 6

3 + 3 + 3

3 × ☐ = 9

3 + 3 + 3 + 3

3 × ☐ = 12

3 + 3 + 3 + 3 + 3

3 × ☐ = 15

3 + 3 + 3 + 3 + 3 + 3

3 × ☐ = 18

3 + 3 + 3 + 3 + 3 + 3 + 3

3 × ☐ = 21

3 + 3 + 3 + 3 + 3 + 3 + 3 + 3

3 × ☐ = 24

3 + 3 + 3 + 3 + 3 + 3 + 3 + 3 + 3

3 × ☐ = 27

3단

✦ 빈칸을 채우세요.

3 × 1 = 3

3 × 2 = ☐ ⟵ 3씩 커져요

3 × 3 = ☐

3 × 4 = ☐

3 × 5 = ☐

3 × 6 = ☐

3 × 7 = ☐

3 × 8 = ☐

3 × 9 = ☐

✦ 빈칸을 채우세요.

3 × 1 = 3   3 × 1 = ☐
3 × 2 = ☐   3 × ☐ = 6
3 × 3 = ☐   3 × 3 = ☐
3 × 4 = ☐   3 × 4 = ☐
3 × 5 = ☐   3 × ☐ = 15
3 × 6 = ☐   3 × ☐ = 18
3 × 7 = ☐   3 × ☐ = 21
3 × 8 = ☐   3 × 8 = ☐
3 × 9 = ☐   3 × ☐ = 27

3단

✦ 빈칸을 채우세요.

3 × 9 = 27   3 × 9 = ☐
3 × 8 = ☐   3 × ☐ = 24
3 × 7 = ☐   3 × 7 = ☐
3 × 6 = ☐   3 × 6 = ☐
3 × 5 = ☐   3 × 5 = ☐
3 × 4 = ☐   3 × ☐ = 12
3 × 3 = ☐   3 × ☐ = 9
3 × 2 = ☐   3 × 2 = ☐
3 × 1 = ☐   3 × ☐ = 3

✦ 같은 것끼리 이으세요.

3 × 1 —————— 3

3 × 2   9

3 × 3   6

3 × 4   18

3 × 5   12

3 × 6   15

3 × 7   27

3 × 8   24

3 × 9   21

3단

✦ **3**단을 완성하세요.

3 × 1 = 3

☐ × ☐ = ☐

☐ × ☐ = ☐

☐ × ☐ = ☐

☐ × ☐ = ☐

☐ × ☐ = ☐

☐ × ☐ = ☐

☐ × ☐ = ☐

☐ × ☐ = ☐

3 × 1 = 3

4단

 **4**씩 뛰어 세어 ○표 하세요.

1	2	3	④	5	6	7	8	9	10
11	12	13	14	15	16	17	18	19	20
21	22	23	24	25	26	27	28	29	30
31	32	33	34	35	36	37	38	39	40
41	42	43	44	45	46	47	48	49	50
51	52	53	54	55	56	57	58	59	60
61	62	63	64	65	66	67	68	69	70
71	72	73	74	75	76	77	78	79	80
81	82	83	84	85	86	87	88	89	90
91	92	93	94	95	96	97	98	99	100

✦ **4**씩 뛰어 세어 빈칸을 채우세요.

4									

4단

✦ 빈칸을 채우세요.

4 + 4

4 × 2 = 8

4 + 4 + 4

4 × ☐ = 12

4 + 4 + 4 + 4

4 × ☐ = 16

4 + 4 + 4 + 4 + 4

4 × ☐ = 20

4 + 4 + 4 + 4 + 4 + 4

4 × ☐ = 24

4 + 4 + 4 + 4 + 4 + 4 + 4

4 × ☐ = 28

4 + 4 + 4 + 4 + 4 + 4 + 4 + 4

4 × ☐ = 32

4 + 4 + 4 + 4 + 4 + 4 + 4 + 4 + 4

4 × ☐ = 36

4단

✦ 빈칸을 채우세요.

4 × 1 = 4

4씩 커져요

4 × 2 =

4 × 3 =

4 × 4 =

4 × 5 =

4 × 6 =

4 × 7 =

4 × 8 =

4 × 9 =

✦ 빈칸을 채우세요.

4 × 1 = 4

4 × 2 =

4 × 3 =

4 × 4 =

4 × 5 =

4 × 6 =

4 × 7 =

4 × 8 =

4 × 9 =

4 × 1 = 4

4 × 2 =

4 × 3 =

4 × 4 =

4 × ☐ = 20

4 × ☐ = 24

4 × 7 =

4 × ☐ = 32

4 × 9 =

4단

✦ 빈칸을 채우세요.

4 × 9 = 36   4 × ☐ = 36

4 × 8 = ☐   4 × 8 = ☐

4 × 7 = ☐   4 × ☐ = 28

4 × 6 = ☐   4 × 6 = ☐

4 × 5 = ☐   4 × 5 = ☐

4 × 4 = ☐   4 × ☐ = 16

4 × 3 = ☐   4 × ☐ = 12

4 × 2 = ☐   4 × ☐ = 8

4 × 1 = ☐   4 × 1 = ☐

✦ 같은 것끼리 이으세요.

4 × 1   8
4 × 2   4
4 × 3   12

4 × 4   20
4 × 5   16
4 × 6   24

4 × 7   32
4 × 8   28
4 × 9   36

4단

✦ **4단을 완성하세요.**

| 4 | × | 1 | = | 4 |

☐ × ☐ = ☐

☐ × ☐ = ☐

☐ × ☐ = ☐

☐ × ☐ = ☐

☐ × ☐ = ☐

☐ × ☐ = ☐

☐ × ☐ = ☐

☐ × ☐ = ☐

4 × 1 = 4

5단

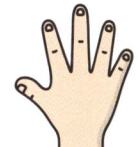

5씩 뛰어 세어 ○표 하세요.

1	2	3	4	⑤	6	7	8	9	10
11	12	13	14	15	16	17	18	19	20
21	22	23	24	25	26	27	28	29	30
31	32	33	34	35	36	37	38	39	40
41	42	43	44	45	46	47	48	49	50
51	52	53	54	55	56	57	58	59	60
61	62	63	64	65	66	67	68	69	70
71	72	73	74	75	76	77	78	79	80
81	82	83	84	85	86	87	88	89	90
91	92	93	94	95	96	97	98	99	100

✦ 5씩 뛰어 세어 빈칸을 채우세요.

| 5 | | | | | | | | | |

5단

✦ 빈칸을 채우세요.

5 + 5

5 × 2 = 10

5 + 5 + 5

5 × ☐ = 15

5 + 5 + 5 + 5

5 × ☐ = 20

5 + 5 + 5 + 5 + 5

5 × ☐ = 25

5 + 5 + 5 + 5 + 5 + 5

5 × ☐ = 30

5 + 5 + 5 + 5 + 5 + 5 + 5

5 × ☐ = 35

5 + 5 + 5 + 5 + 5 + 5 + 5 + 5

5 × ☐ = 40

5 + 5 + 5 + 5 + 5 + 5 + 5 + 5 + 5

5 × ☐ = 45

5단

✦ 빈칸을 채우세요.

5 × 1 = 5

5씩 커져요

5 × 2 = ☐

5 × 3 = ☐

5 × 4 = ☐

5 × 5 = ☐

5 × 6 = ☐

5 × 7 = ☐

5 × 8 = ☐

5 × 9 = ☐

✦ 빈칸을 채우세요.

5 × 1 = 5   5 × ☐ = 5

5 × 2 = ☐   5 × 2 = ☐

5 × 3 = ☐   5 × 3 = ☐

5 × 4 = ☐   5 × ☐ = 20

5 × 5 = ☐   5 × 5 = ☐

5 × 6 = ☐   5 × 6 = ☐

5 × 7 = ☐   5 × ☐ = 35

5 × 8 = ☐   5 × ☐ = 40

5 × 9 = ☐   5 × ☐ = 45

5단

✦ 빈칸을 채우세요.

5 × 9 = 45   5 × 9 = ☐

5 × 8 = ☐   5 × 8 = ☐

5 × 7 = ☐   5 × 7 = ☐

5 × 6 = ☐   5 × ☐ = 30

5 × 5 = ☐   5 × ☐ = 25

5 × 4 = ☐   5 × 4 = ☐

5 × 3 = ☐   5 × ☐ = 15

5 × 2 = ☐   5 × ☐ = 10

5 × 1 = ☐   5 × 1 = ☐

✦ 같은 것끼리 이으세요.

5 × 1 ──────── 5

5 × 2   10

5 × 3   15

5 × 4   20

5 × 5   25

5 × 6   30

5 × 7   35

5 × 8   40

5 × 9   45

5단

✦ 5단을 완성하세요.

5 × 1 = 5

☐ × ☐ = ☐

☐ × ☐ = ☐

☐ × ☐ = ☐

☐ × ☐ = ☐

☐ × ☐ = ☐

☐ × ☐ = ☐

☐ × ☐ = ☐

5 × 1 = 5

6단

 6씩 뛰어 세어 ○표 하세요.

1	2	3	4	5	⬤6	7	8	9	10
11	⬤12	13	14	15	16	17	18	19	20
21	22	23	24	25	26	27	28	29	30
31	32	33	34	35	36	37	38	39	40
41	42	43	44	45	46	47	48	49	50
51	52	53	54	55	56	57	58	59	60
61	62	63	64	65	66	67	68	69	70
71	72	73	74	75	76	77	78	79	80
81	82	83	84	85	86	87	88	89	90
91	92	93	94	95	96	97	98	99	100

✦ 6씩 뛰어 세어 빈칸을 채우세요.

6단

✦ 빈칸을 채우세요.

6 + 6

6 × 2 = 12

6 + 6 + 6

6 × ☐ = 18

6 + 6 + 6 + 6

6 × ☐ = 24

6 + 6 + 6 + 6 + 6

6 × ☐ = 30

6 + 6 + 6 + 6 + 6 + 6

6 × ☐ = 36

6 + 6 + 6 + 6 + 6 + 6 + 6

6 × ☐ = 42

6 + 6 + 6 + 6 + 6 + 6 + 6 + 6

6 × ☐ = 48

6 + 6 + 6 + 6 + 6 + 6 + 6 + 6 + 6

6 × ☐ = 54

6단

✦ 빈칸을 채우세요.

6 × 1 = 6

6씩 커져요

6 × 2 = ☐

6 × 3 = ☐

6 × 4 = ☐

6 × 5 = ☐

6 × 6 = ☐

6 × 7 = ☐

6 × 8 = ☐

6 × 9 = ☐

✦ 빈칸을 채우세요.

6 × 1 = 6   6 × 1 = 6
6 × 2 = ☐   6 × 2 = ☐
6 × 3 = ☐   6 × ☐ = 18
6 × 4 = ☐   6 × 4 = ☐
6 × 5 = ☐   6 × ☐ = 30
6 × 6 = ☐   6 × 6 = ☐
6 × 7 = ☐   6 × 7 = ☐
6 × 8 = ☐   6 × ☐ = 48
6 × 9 = ☐   6 × 9 = ☐

6단

✦ 빈칸을 채우세요.

6 × 9 = 54

6 × 8 =

6 × 7 =

6 × 6 =

6 × 5 =

6 × 4 =

6 × 3 =

6 × 2 =

6 × 1 =

6 × ☐ = 54

6 × 8 =

6 × ☐ = 42

6 × ☐ = 36

6 × 5 =

6 × ☐ = 24

6 × 3 =

6 × ☐ = 12

6 × 1 =

✦ 같은 것끼리 이으세요.

6 × 1   12

6 × 2   18

6 × 3   6

6 × 4   36

6 × 5   24

6 × 6   30

6 × 7   42

6 × 8   54

6 × 9   48

6단

✦ 6단을 완성하세요.

| 6 | × | 1 | = | 6 |

☐ × ☐ = ☐

☐ × ☐ = ☐

☐ × ☐ = ☐

☐ × ☐ = ☐

☐ × ☐ = ☐

☐ × ☐ = ☐

☐ × ☐ = ☐

☐ × ☐ = ☐

6 × 1 = 6

7단

7씩 뛰어 세어 ○표 하세요.

1	2	3	4	5	6	⑦	8	9	10
11	12	13	14	15	16	17	18	19	20
21	22	23	24	25	26	27	28	29	30
31	32	33	34	35	36	37	38	39	40
41	42	43	44	45	46	47	48	49	50
51	52	53	54	55	56	57	58	59	60
61	62	63	64	65	66	67	68	69	70
71	72	73	74	75	76	77	78	79	80
81	82	83	84	85	86	87	88	89	90
91	92	93	94	95	96	97	98	99	100

✦ **7**씩 뛰어 세어 빈칸을 채우세요.

7단

✦ 빈칸을 채우세요.

7 + 7

7 × **2** = 14

7 + 7 + 7

7 × ☐ = 21

7 + 7 + 7 + 7

7 × ☐ = 28

7 + 7 + 7 + 7 + 7

7 × ☐ = 35

7 + 7 + 7 + 7 + 7 + 7

7 × ☐ = 42

7 + 7 + 7 + 7 + 7 + 7 + 7

7 × ☐ = 49

7 + 7 + 7 + 7 + 7 + 7 + 7 + 7

7 × ☐ = 56

7 + 7 + 7 + 7 + 7 + 7 + 7 + 7 + 7

7 × ☐ = 63

7단

✦ 빈칸을 채우세요.

7 × 1 = 7

7씩 커져요

7 × 2 =

7 × 3 =

7 × 4 =

7 × 5 =

7 × 6 =

7 × 7 =

7 × 8 =

7 × 9 =

✦ 빈칸을 채우세요.

7 × 1 = 7   7 × 1 = 7

7 × 2 =   7 × 2 =

7 × 3 =   7 × ☐ = 21

7 × 4 =   7 × ☐ = 28

7 × 5 =   7 × 5 =

7 × 6 =   7 × ☐ = 42

7 × 7 =   7 × 7 =

7 × 8 =   7 × ☐ = 56

7 × 9 =   7 × ☐ = 63

7단

✦ 빈칸을 채우세요.

7 × 9 = 63					7 × 9 = ☐

7 × 8 = ☐					7 × 8 = ☐

7 × 7 = ☐					7 × ☐ = 49

7 × 6 = ☐					7 × 6 = ☐

7 × 5 = ☐					7 × ☐ = 35

7 × 4 = ☐					7 × 4 = ☐

7 × 3 = ☐					7 × 3 = ☐

7 × 2 = ☐					7 × ☐ = 14

7 × 1 = ☐					7 × ☐ = 7

✦ 같은 것끼리 이으세요.

7 × 1 —————————— 7

7 × 2   21

7 × 3   14

7 × 4   28

7 × 5   35

7 × 6   42

7 × 7   63

7 × 8   56

7 × 9   49

7단

✦ 7단을 완성하세요.

7 × 1 = 7

☐ × ☐ = ☐

☐ × ☐ = ☐

☐ × ☐ = ☐

☐ × ☐ = ☐

☐ × ☐ = ☐

☐ × ☐ = ☐

☐ × ☐ = ☐

☐ × ☐ = ☐

7 × 1 = 7

8단

 8씩 뛰어 세어 ○표 하세요.

1	2	3	4	5	6	7	⑧	9	10
11	12	13	14	15	16	17	18	19	20
21	22	23	24	25	26	27	28	29	30
31	32	33	34	35	36	37	38	39	40
41	42	43	44	45	46	47	48	49	50
51	52	53	54	55	56	57	58	59	60
61	62	63	64	65	66	67	68	69	70
71	72	73	74	75	76	77	78	79	80
81	82	83	84	85	86	87	88	89	90
91	92	93	94	95	96	97	98	99	100

✦ 8씩 뛰어 세어 빈칸을 채우세요.

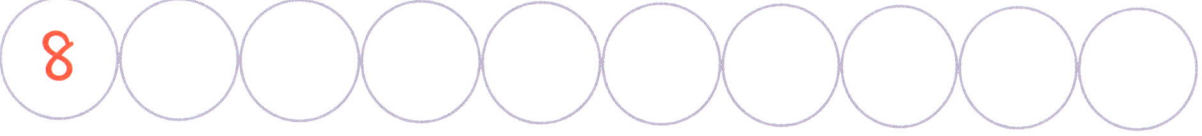

8단

✦ 빈칸을 채우세요.

8 + 8

8 × 2 = 16

8 + 8 + 8

8 × ☐ = 24

8 + 8 + 8 + 8

8 × ☐ = 32

8 + 8 + 8 + 8 + 8

8 × ☐ = 40

8 + 8 + 8 + 8 + 8 + 8

8 × ☐ = 48

8 + 8 + 8 + 8 + 8 + 8 + 8

8 × ☐ = 56

8 + 8 + 8 + 8 + 8 + 8 + 8 + 8

8 × ☐ = 64

8 + 8 + 8 + 8 + 8 + 8 + 8 + 8 + 8

8 × ☐ = 72

8단

✦ 빈칸을 채우세요.

8 × 1 = 8

8씩 커져요

8 × 2 = ☐

8 × 3 = ☐

8 × 4 = ☐

8 × 5 = ☐

8 × 6 = ☐

8 × 7 = ☐

8 × 8 = ☐

8 × 9 = ☐

✦ 빈칸을 채우세요.

8 × 1 = 8
8 × 2 = ☐
8 × 3 = ☐
8 × 4 = ☐
8 × 5 = ☐
8 × 6 = ☐
8 × 7 = ☐
8 × 8 = ☐
8 × 9 = ☐

8 × 1 = 8
8 × ☐ = 16
8 × 3 = ☐
8 × ☐ = 32
8 × 5 = ☐
8 × ☐ = 48
8 × 7 = ☐
8 × 8 = ☐
8 × ☐ = 72

8단

✦ 빈칸을 채우세요.

8 × 9 = 72   8 × 9 = ☐
8 × 8 = ☐   8 × ☐ = 64
8 × 7 = ☐   8 × ☐ = 56
8 × 6 = ☐   8 × 6 = ☐
8 × 5 = ☐   8 × ☐ = 40
8 × 4 = ☐   8 × 4 = ☐
8 × 3 = ☐   8 × ☐ = 24
8 × 2 = ☐   8 × 2 = ☐
8 × 1 = ☐   8 × ☐ = 8

✦ 같은 것끼리 이으세요.

8 × 1 ——————— 8

8 × 2　　　　　16

8 × 3　　　　　24

8 × 4　　　　　40

8 × 5　　　　　48

8 × 6　　　　　32

8 × 7　　　　　56

8 × 8　　　　　72

8 × 9　　　　　64

8단

✦ **8단을 완성하세요.**

$8 \times 1 = 8$ 　　　　　　　$8 \times 1 = 8$

☐ × ☐ = ☐

☐ × ☐ = ☐

☐ × ☐ = ☐

☐ × ☐ = ☐

☐ × ☐ = ☐

☐ × ☐ = ☐

☐ × ☐ = ☐

9단

 **9**씩 뛰어 세어 ○표 하세요.

1	2	3	4	5	6	7	8	⑨	10
11	12	13	14	15	16	17	18	19	20
21	22	23	24	25	26	27	28	29	30
31	32	33	34	35	36	37	38	39	40
41	42	43	44	45	46	47	48	49	50
51	52	53	54	55	56	57	58	59	60
61	62	63	64	65	66	67	68	69	70
71	72	73	74	75	76	77	78	79	80
81	82	83	84	85	86	87	88	89	90
91	92	93	94	95	96	97	98	99	100

✦ **9**씩 뛰어 세어 빈칸을 채우세요.

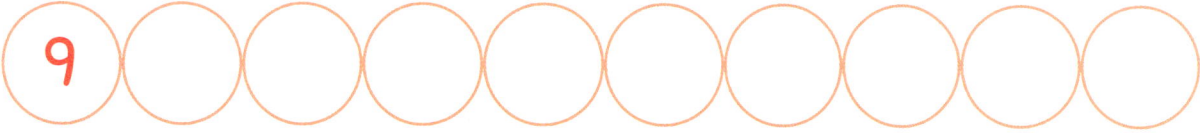

9단

✦ 빈칸을 채우세요.

9 + 9

9 × $\boxed{2}$ = 18

9 + 9 + 9

9 × $\boxed{}$ = 27

9 + 9 + 9 + 9

9 × $\boxed{}$ = 36

9 + 9 + 9 + 9 + 9

9 × $\boxed{}$ = 45

9 + 9 + 9 + 9 + 9 + 9

9 × $\boxed{}$ = 54

9 + 9 + 9 + 9 + 9 + 9 + 9

9 × ☐ = 63

9 + 9 + 9 + 9 + 9 + 9 + 9 + 9

9 × ☐ = 72

9 + 9 + 9 + 9 + 9 + 9 + 9 + 9 + 9

9 × ☐ = 81

9단

✦ 빈칸을 채우세요.

9 × 1 = 9

9씩 커져요

9 × 2 = ☐

9 × 3 = ☐

9 × 4 = ☐

9 × 5 = ☐

9 × 6 = ☐

9 × 7 = ☐

9 × 8 = ☐

9 × 9 = ☐

✦ 빈칸을 채우세요.

9 × 1 = 9   9 × 1 = 9

9 × 2 = ☐   9 × ☐ = 18

9 × 3 = ☐   9 × 3 = ☐

9 × 4 = ☐   9 × ☐ = 36

9 × 5 = ☐   9 × 5 = ☐

9 × 6 = ☐   9 × ☐ = 54

9 × 7 = ☐   9 × 7 = ☐

9 × 8 = ☐   9 × 8 = ☐

9 × 9 = ☐   9 × ☐ = 81

9단

✦ 빈칸을 채우세요.

9 × 9 = 81   9 × 9 = ☐

9 × 8 = ☐   9 × ☐ = 72

9 × 7 = ☐   9 × ☐ = 63

9 × 6 = ☐   9 × 6 = ☐

9 × 5 = ☐   9 × ☐ = 45

9 × 4 = ☐   9 × 4 = ☐

9 × 3 = ☐   9 × ☐ = 27

9 × 2 = ☐   9 × 2 = ☐

9 × 1 = ☐   9 × 1 = ☐

✦ 같은 것끼리 이으세요.

9 × 1   27
9 × 2   18
9 × 3   9

9 × 4   45
9 × 5   36
9 × 6   54

9 × 7   81
9 × 8   63
9 × 9   72

9단

✦ **9**단을 완성하세요.

9 × 1 = 9

☐ × ☐ = ☐

☐ × ☐ = ☐

☐ × ☐ = ☐

☐ × ☐ = ☐

☐ × ☐ = ☐

☐ × ☐ = ☐

☐ × ☐ = ☐

☐ × ☐ = ☐

9 × 1 = 9

이제 소리 내어 읽으면서,
<구구단>을 마무리해 보세요!

✦ **구구단은 빠르고 정확하게 외우는 것이 목표**
　완성하는 데 얼마나 걸리는지 확인하고, 시간을 줄여보세요.

2 × 1 = ☐	3 × 1 = ☐
2 × 2 = ☐	3 × 2 = ☐
2 × 3 = ☐	3 × 3 = ☐
2 × 4 = ☐	3 × 4 = ☐
2 × 5 = ☐	3 × 5 = ☐
2 × 6 = ☐	3 × 6 = ☐
2 × 7 = ☐	3 × 7 = ☐
2 × 8 = ☐	3 × 8 = ☐
2 × 9 = ☐	3 × 9 = ☐

완성하는 데 걸린 시간 : _____ 초　　　완성하는 데 걸린 시간 : _____ 초

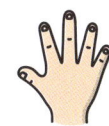

4 × 1 =
4 × 2 =
4 × 3 =
4 × 4 =
4 × 5 =
4 × 6 =
4 × 7 =
4 × 8 =
4 × 9 =

5 × 1 =
5 × 2 =
5 × 3 =
5 × 4 =
5 × 5 =
5 × 6 =
5 × 7 =
5 × 8 =
5 × 9 =

완성하는 데 걸린 시간 : _____ 초

완성하는 데 걸린 시간 : _____ 초

6 × 1 =

6 × 2 =

6 × 3 =

6 × 4 =

6 × 5 =

6 × 6 =

6 × 7 =

6 × 8 =

6 × 9 =

7 × 1 =

7 × 2 =

7 × 3 =

7 × 4 =

7 × 5 =

7 × 6 =

7 × 7 =

7 × 8 =

7 × 9 =

완성하는 데 걸린 시간 : _____ 초

완성하는 데 걸린 시간 : _____ 초

8 × 1 =	9 × 1 =
8 × 2 =	9 × 2 =
8 × 3 =	9 × 3 =
8 × 4 =	9 × 4 =
8 × 5 =	9 × 5 =
8 × 6 =	9 × 6 =
8 × 7 =	9 × 7 =
8 × 8 =	9 × 8 =
8 × 9 =	9 × 9 =

완성하는 데 걸린 시간 : _____ 초 완성하는 데 걸린 시간 : _____ 초

정답은 스마트폰으로 볼 수 있어요!